Design team: FolksnFables LLC (Neethi Joseph, Indu S, Firdous Nizar, Lakshmi Chandran)

Illustrations copyright © 2022 by FolksnFables

ISBN 9798218082123

Cock-a-doodle-doo! The rooster crowed! Six-year-old Marilu jumped from her bed and ran to her parent's bedroom.

They were still asleep. Her dad yawned as she grabbed his arm and tugged it. "Dad! Get up!" she whispered, excited. "We have to go to work!"

Marilu's dad looked towards the window. The sky was still dark. He looked at his watch. He groaned. "Marilu, it's five in the morning. It's too early."

Cock-a-doodle-doo! ¡El gallo cantó! Marilu, de seis años, saltó de su cama y corrió a la habitación de sus padres.

Todavía estaban dormidos. Su padre bostezó cuando ella lo agarró del brazo y tiró de él. "¡Padre! ¡Levantarse!" susurró emocionada. "¡Tenemos que ir a trabajar!"

El padre de Marilu miró hacia la ventana. El cielo todavía estaba oscuro. El miro su reloj. Él gimió. "Marilu, son las cinco de la mañana. Es demasiado pronto."

"Wake up, Dad," Marilu insisted, planting her hands on her hips as her mother would. "You said we would need to drive to Manati and pick pineapples from the field, you said we need to do it early!"

Her dad smiled and yawned. "Okay, Marilu. Go and get ready."

Marilu ran from the room, and down the hallway to the bathroom. She washed her teeth and brushed her hair, then tied it back so that it wouldn't get sticky with today's work.

"Despierta, papá," insistió Marilu, colocando sus manos en sus caderas como lo haría su madre. "Dijiste que tendríamos que conducir hasta Manatí y recoger piñas del campo, ¡dijiste que teníamos que hacerlo temprano!"

Su padre sonrió y bostezó. "Está bien, Marilu. Ve y prepárate ".

Marilu salió corriendo de la habitación y recorrió el pasillo hasta el baño. Se lavó los dientes y cepilló su cabello, luego lo recogió hacia atrás para que no se pegara con el trabajo de hoy.

Back in her room, she reached for a dress from her wardrobe then stopped, thinking of the field. She chose jeans and her pair of sneakers.

"Brinca la tablita que yo la brinque," she sang as she ran through the house. "Marilu!" her sister, Maria, scolded her, stepping out of her way. "Stop making so much noise! Where are you going?" Marilu beamed. "I'm going to work with Papi!" Their eldest sister, Aida, was getting ready for work, tying her hair back in front of a mirror. She raised an eyebrow at Marilu. "How will you be able to see the pineapples for picking?"

De vuelta en su habitación, tomó un vestido de su armario y luego se detuvo, pensando en el campo. Ella eligió jeans y su par de zapatillas.

"Brinca la tablita que yo la brinque", cantaba mientras corría por la casa. Saltar por encima del tablero, ya lo salté. "¡Marilu!" su hermana, María, la regañó, apartándose de su camino.

"¡Deja de hacer tanto ruido! ¿Adónde vas?" Marilu sonrió. "¡Voy a trabajar con Papi!" Su hermana mayor, Aida, se estaba preparando para ir a trabajar, recogiéndose el cabello frente a un espejo. Miró a Marilu enarcando una ceja. "¿Cómo vas a poder ver las piñas para recoger?"

Last week, she finally had six candles on her birthday cake: she was six years old!

Sitting in the truck seat, she held on. The road was bumpy, so she made sure to put her seatbelt on. "Don't you forget, Dad," she said to him and pointed at her own seatbelt. Dad smiled and thanked her.

La semana pasada, finalmente tenía seis velas en su pastel de cumpleaños: ¡tenía seis años!

Sentada en el asiento de la camioneta, aguantó. El camino estaba lleno de baches, así que se aseguró de ponerse el cinturón de seguridad. "No lo olvides, papá", le dijo y señaló su propio cinturón de seguridad. Papá sonrió y le dio las gracias.

Marilu's dad worked in a pineapple plantation in a town called Manati, in Puerto Rico. It was half an hour away from home, but to Marilu, it felt like forever to get there.

As they got closer to the plantation, she could see the field. The field was large and beautiful, full of green leaves and glowing gold pineapples.

El papá de Marilu trabajaba en una plantación de piñas en un pueblo llamado Manatí, en Puerto Rico. Estaba a media hora de casa, pero a Marilu le parecía una eternidad llegar allí.

A medida que se acercaban a la plantación, podía ver el campo. El campo era grande y hermoso, lleno de hojas verdes y brillantes piñas doradas.

Marilu's dad parked the truck and she climbed down. One of the workers waved at Marilu's dad and came to talk to him. She could see all the workers now, and all the pineapples as she walked between them.

"You need to stay with me, Marilu," her dad said sternly, grabbing her and stopping her. "You must not wander off by yourself."

"Okay, Daddy," Marilu said, but she wasn't really listening. Her eyes were fixed on the pineapple field.

El papá de Marilu estacionó la camioneta y ella bajó. Uno de los trabajadores saludó al padre de Marilu y se acercó a hablar con él. Ahora podía ver a todos los trabajadores, las piñas balanceándose mientras la gente caminaba entre ellos.

"Tienes que quedarte conmigo, Marilu", dijo su padre con severidad, agarrándola y deteniéndola. "No debes deambular por ti mismo".

Está bien, papá", dijo Marilu, pero en realidad no estaba escuchando. Sus ojos estaban fijos en el campo de piñas.

Marilu and her dad walked towards a large field. There was a large box of pineapples. Marilu pointed at them, "Dad, why are there pineapples there?"

Marilu's dad smiled, and called to a worker, asking him to move the pineapples to the cleaning room. "What's the cleaning room?" Marilu asked.

Marilu's dad showed her into the cleaning room and took some pineapples to a side of the room near a large hose.

Marilu y su papá caminaron hacia un gran campo. Había una caja grande de piñas. Marilu los señaló, "Papá, ¿por qué hay piñas allí?"

El padre de Marilu sonrió y llamó a un trabajador y le pidió que llevara las piñas a la sala de limpieza.

"¿Qué es la sala de limpieza?" Preguntó Marilu.

El padre de Marilu la llevó a la sala de limpieza y llevó algunas piñas a un lado de la habitación cerca de una manguera grande.

He lifted the hose and turned on the water, spraying the pineapples clean. Marilu giggled.

Dad handed her the hose and took over more pineapples for her to clean. Soon, he turned off the hose and grabbed some of the pineapples, taking them to another crate for delivery. Marilu grabbed some pineapples and took them over to the crate too.

When those pineapples had been packed, he asked her to clean more pineapples. "Yes, Dad," she smiled.

Levantó la manguera y abrió el agua, rociando las piñas limpias. Marilu rió.

Papá le entregó la manguera y tomó más piñas para que ella las limpiara. Pronto, apagó la manguera y agarró algunas de las piñas, llevándolas a otra caja para entregarlas. Marilu agarró algunas piñas y las llevó a la caja también.

Cuando esas piñas estuvieron empacadas, le pidió que limpiara más piñas. "Sí, papá", sonrió.

As she cleaned the pineapples, her dad talked to different workers, pointing to the fields and crates. As Marilu cleaned the pineapples she suddenly saw a big amevia (lizard) walking towards the field. Marilu turned off the water and walked towards the field.

The pineapple plants were soon taller than her. She stopped walking and looked around.

She couldn't see the trucks. She couldn't see her dad. She couldn't see any workers.

Mientras limpiaba las piñas, su padre habló con diferentes trabajadores, señalando los campos y las cajas. Mientras Marilu limpiaba las piñas, de repente vio una ameiva caminando hacia el campo. Marilu cerró el agua y caminó hacia el campo.

Las plantas de piña pronto fueron más altas que ella. Dejó de caminar y miró a su alrededor.

No podía ver los camiones. No podía ver a su papá. No pudo ver a ningún trabajador.

Marilu started to walk again, but she started to feel scared. "Papi?" she called.
No answer.

At the farm, Papi noticed that Marilu wasn't in the cleaning room now.
He ran to the field and heard a small cry, but it was fading away.
"Marilu!" he yelled into the field. "Stay still!" He called it again, and again.
"Okay, Papi!" Marilu shouted as loudly as she could, and he heard her.

Marilu empezó a caminar de nuevo, pero empezó a asustarse. "¿Papi?" ella llamó.
Sin respuesta.

En la granja, Papi notó que Marilu no estaba en la sala de limpieza ahora.
Corrió al campo y escuchó un pequeño grito, pero se estaba desvaneciendo.
"¡Marilu!" gritó en el campo. "¡Quedarse quieto!" Lo llamó una y otra vez.
"¡Está bien, Papi!" Marilu gritó tan fuerte como pudo y él la escuchó.

He started walking into the field. The pineapple plants were taller than him. "Marilu," he called. "Sing a song." Marilu heard him and she started singing.

Brinca la tablita
Yo ya la brinque,
Brinca La de vuelta
Yo ya me canse,
Dos y dos son cuatro
Cuatro y dos son seis,
Seis y dos son ocho
Y ocho dieciseis.

Comenzó a caminar hacia el campo. Las plantas de piña eran más altas que él. "Marilu," llamó. "Canta una canción". Marilu lo escuchó y se puso a cantar:

Brinca la tablita
Yo ya la brinque,
Brinca La de vuelta
Yo ya me canse,
Dos y dos son cuatro
Cuatro y dos son seis,
Seis y dos son ocho
Y ocho dieciseis

Finally, Marilu's dad saw her, grabbed her, and hugged her hard. "I told you not to wander off!" "Sorry, Papi," Marilu hugged him back tightly. She felt like she could cry. "I wanted to see the field, but it is larger than me. I got lost!"

"If you don't listen to me," Papi said to Marilu, holding her tight, "You will not visit the plantation again. Do you understand, Marilu?"

"Yes Papi," she whispered. "I am sorry I upset you." She lowered her head, feeling bad.

Finalmente, el papá de Marilu la vio, la agarró y la abrazó con fuerza. "¡Te dije que no te alejaras!" "Lo siento, Papi," Marilu le devolvió el abrazo con fuerza. Sentía que podía llorar. "Quería ver el campo, pero es más grande que yo. ¡Me perdí!"

"Si no me escuchas", le dijo Papi a Marilu, abrazándola con fuerza, "no volverás a visitar la plantación. ¿Entiendes, Marilu?

"Sí Papi", susurró. "Lamento haberte molestado". Ella bajó la cabeza, sintiéndose mal.

Papi touched her chin. "I am not upset. I was worried you would get hurt." He smiled at her and hugged her again.

He took out his knife, cut a nice ripe pineapple from one of the stalks, then led Marilu from the field. "Now, let's get a snack," he said. He took the pineapple to a table, and cut it up for her.
The pineapple was wonderful, warm, and sweet.

Papi le tocó la barbilla. "No estoy molesto. Me preocupaba que te lastimaras ". Él le sonrió y la abrazó de nuevo.

Sacó su cuchillo, cortó una bonita piña madura de uno de los tallos y luego sacó a Marilu del campo. "Ahora, comamos un bocadillo", dijo. Llevó la piña a una mesa y la cortó para ella. La piña era maravillosa, cálida y dulce.

The end

El fin